www.ingramcontent.com/pod-product-compliance
Lightning Source LLC
Chambersburg PA
CBHW072031230526
45466CB00020B/1417
* 9 7 8 1 6 7 6 6 2 1 2 4 9 *